Kritische Fallanalyse der Vorgehensweise von Jugendhilfe und Familienge- richt im Fall Benjamin-Pascal unter Betrachtung möglicher Beeinflussung durch das BkiSchG

**Abschließende Modularbeit im Vertiefungsmodul Recht
im Schwerpunkt Bildung und Erziehung
des Studienganges Soziale Arbeit B.A.
der Fachhochschule Frankfurt a.M.**

28.07.2011

Note 1,3

Inhaltsverzeichnis

Abkürzungsverzeichnis

Abs.	Absatz
a. F.	alte Fassung
Anm.	Anmerkung
BKiSchG	Gesetz zur Stärkung eines aktiven Schutzes von Kindern und Jugendichen
BGB	Bürgerliches Gesetzbuch
BGH	Bundesgerichtshof
DRK	Deutsches Rotes Kreuz
-E	Entwurf
ebd.	ebenda
FamFG	Gesetz über das Verfahren in Familiensachen und in den Angelegenheiten der freiwilligen Gerichtsbarkeit
GG	Grundgesetz für die Bundesrepublik Deutschland
HzE	Hilfe zur Erziehung
ISEF	insoweit erfahrene Fachkraft
i.V.m.	in Vermerk mit
KICK	Gesetz zur Weiterentwicklung der Kinder- und Jugendhilfe
PSB	Personensorgeberechtigte/r
Rn.	Randnummer
S.	Satz
SGB	Sozialgesetzbuch
sog.	sogenannte
SPFH	Sozialpädagogische Familienhilfe
UN-KRK	Kinderrechtskonvention der Vereinten Nationen
vgl.	vergleiche

Benjamin-Pascal – Erste Eindrücke

Der tragische Fall des kleinen Benjamin-Pascal aus Sachsen-Anhalt lässt aus fachlicher Sicht die Vermutung aufkommen, dass das sozialstaatliche Hilfesystem einmal mehr wieder nicht optimal gegriffen hat. Insgesamt sechs Mal wird zu Benjamin-Pascals Lebzeiten ein Antrag auf Sorgerechtsentzug gestellt – jedes Mal ohne härtere Konsequenzen für die Eltern. Benjamin-Pascal scheint das Opfer fachlicher Inkompetenz zu sein und musste dafür mit seinem Leben bezahlen. Ein Blick durch das Gesetz lässt vermuten, dass – auch wenn die Bestimmungen für eine Kindeswohlgefährdung überschaubar sind – rechtliche Grundlagen zu genüge vorhanden sind, um solchen Fällen auszuweichen. Dennoch hätte durch ein Vermeiden menschlicher Fehler der Tod des Kindes möglicherweise verhindert werden können.

Im Folgenden soll die Vorgehensweise der Jugendhilfe und des Familiengerichtes genauer analysiert und erarbeitet werden, welchen Einfluss das kurz danach in Kraft getretene Bundeskinderschutzgesetz auf den Fallverlauf hätte haben können.

Es wird davon ausgegangen, dass der Fall Benjamin-Pascal mit nähren Einzelheiten, sowie der Fallverlauf dem Leser bekannt sind.

Kritische Analyse der Vorgehensweise von Jugendhilfe und Familiengericht im Fall Benjamin-Pascal

Bereits vor Benjamin-Pascals Geburt war die Familie dem zuständigen Jugendamt in Aschersleben und dem Amtsgericht in Dessau wegen Misshandlung Schutzbefohlener bekannt. Vier Monate nach der Geburt

Benjamin-Pascals zieht die Familie nach Stresow um, womit auch der Zuständigkeitsbereich des Jugendamtes wechselt. Wenige Tage nach dem Umzug erfolgt durch das neue Jugendamt des Jerichower Land ein Hausbesuch. Dem Jugendamt werden Anhaltspunkte für eine Kindeswohlgefährdung durch eine Information bekannt. Das Jugendamt geht den Informationen über die katastrophalen Zustände innerhalb der Familie nach und absolviert einen Hausbesuch. Der Vater Daniel B. verbietet den Jugendamtsmitarbeitern den Zutritt, welchen diese sich nach Art. 13 GG, wonach die Wohnung unverletzlich ist, nicht ohne Einverständnis der Wohnungsbesitzer verschaffen dürfen. Bei diesem ersten Besuch, werden die Jugendamtsmitarbeiter vom Vater bedroht, wodurch sie einen ersten Eindruck von ihm vermittelt bekommen. Die Empfehlungen des Deutschen Städtetages wurden hier insoweit beachtet, als dass der Hausbesuch zu zweit stattfand. Auch wenn sie vom Vater nicht in die Wohnung gelassen wurden, so konnten sich die Jugendamtsmitarbeiter doch einen ersten Eindruck von der häuslichen und sozialen Familiensituation, sowie der Kooperationsbereitschaft der Eltern machen. Daraufhin kommt eine Woche später ein zweiter Hausbesuch – mit der Familienrichterin – zustande. Diese stellt den katastrophalen Haushalt selber fest. Da der Hausbesuch aufgrund einer Information über die katastrophalen Zustände in der Familie zustande kommt, kann angenommen werden, dass eine Informationsweiterleitung durch das Jugendamt Dessau an das Jugendamt des Jerichower Land nicht erfolgt ist. Nach § 65 Abs. 1 Nr. 3 SGB VIII hätte der zuständige Mitarbeiter in Dessau Daten über die Familie weitergeben dürfen, da ein örtlicher Zuständigkeitswechsel vorliegt, Anhaltspunkte für eine Kindeswohlgeführung vorliegen[1] und die Daten für den neu zuständigen Mitarbeiter des Jerichower Land Jugendamtes zur Abschätzung des Gefährdungsrisikos notwendig sind. Diese „Erweiterung der Weitergabebefugnisse"[2] ist 2005 mit dem KICK in Kraft getreten und dient einem effektiven Kindesschutz bei vorhandenen Anhaltspunkten für eine Gefährdung des Kindeswohls. Die Befugnis zur Weitergabe der Daten lag zu jenem Zeitpunkt also vor, allerdings nicht in der Form einer muss-Bestimmung, sondern als darf-Bestimmung, womit die Entscheidung der Datenweitegabe beim Mitarbeiter des Dessauer Jugendamtes lag. Eine umgehende Benachrichtigung an den neu fallzuständigen Mitarbeiter im Jugendamt kann eine Lücke bei der Kindeswohlsicherung verhindern. Dafür ist es sinnvoll, Informationen möglichst schriftlich und mündlich zu übergeben.[3] Eine Weitergabe der Informationen wäre hier notwendig gewesen, da das Wissen über eine Misshandlung Schutzbefohlener, die von der Jugendstrafkammer auferlegte Kooperation mit dem Jugendamt und der Antrag auf Sorgerechtsentzug wegen Kindesmisshandlung den weiteren Fallverlauf positiv hätten beeinflussen können. Positiv anzurechnen ist dem Jugendamt des Jerichower Land der zeitnahe Hausbesuch nach Erhalt der Information über die Zustände in der Familie. Durch den Hausbesuch geht das Jugendamt den Anhaltspunkten einer Kindeswohlgefährdung nach. Bei der Frage, was Anhaltspunkte einer Kindeswohlgefährdung sind, können diverse Bögen sinnvoll sein, wie etwa die Dienstanweisung der Stadt Hamburg bei Kindeswohlgefährdung. Für den Fall Benjamin-Pascal treffen hier vor allem die vermüllte und stark verdreckte Wohnsituation, die nicht aus-

---

[1] vgl. Münder/Trenczek, S 170.
[2] Jung, § 65, Rn. 7.
[3] vgl. Lillig, 48-1.

reichende Bereitstellung von Nahrung, die Isolierung der Familie und die mangelnde Gesundheitsvorsorge zu. Im späteren Fallverlauf fallen unter anderem auch die starke Unterernährung und eine mangelnde Körperhygiene auf.[4] Damit sein Wohl gewährleistet wäre, bräuchte Benjamin-Pascal die Erfüllung bestimmter, für sein Alter grundlegender Bedürfnisse, wie beständige liebevolle Beziehungen, körperliche Unversehrtheit, Sicherheit und Regulation, individuelle und entwicklungsgerechte Erfahrungen, Strukturen, stabile, unterstützende Gemeinschaften und eine sichere Zukunft.[5] Für Benjamin-Pascal trifft keiner dieser Punkte zu. Gewichtige Anhaltspunkte für eine Kindeswohlgefährdung stellen den Ausgangspunkt für ein Tätigwerden des Jugendamtes dar.[6] Nach den Empfehlungen des Deutschen Städtetages resultiert die Verpflichtung zum Tätigwerden aus den §§ 1 Abs. 3 Nr. 3 und 8a SGB VIII. Nach ersterem soll Jugendhilfe „Kinder und Jugendliche vor Gefahren für ihr Wohl schützen" und zweiter legt Verfahrensstandards bei einer Kindeswohlgefährdung fest. Dieser hier festgelegte Schutzauftrag bei Kindeswohlgefährdung stellt „eine fachliche und eine persönliche Herausforderung"[7] dar. § 8a spiegelt das sog. „doppelte Mandat" des Jugendamtes wieder: Eingriff und Leistung; und regelt das Verfahren bei Gefährdungsanhaltspunkten. Nach § 8a Abs. 1 S.1 SGB VIII hat auf den Hausbesuch hin eine Gefährdungsabschätzung mit mehreren Fachkräften stattzufinden. Der Hausbesuch stellt hierbei einen Punkt der Abschätzung dar. Diese Gefährdungsabschätzung soll eine zukunftsgerichtete Einschätzung sein[8], wozu eine Dringlichkeits-,

---

[4] vgl. Dienstanweisung Schutz bei Kindeswohlgefährdung.
[5] vgl. Kinderschutz-Zentrum Berlin, 22-24.
[6] vgl. Jordan, 28.
[7] Kohaupt, 2.
[8] vgl. Jordan, 28.

6

Risiko- und Sicherheitseinschätzung gehört, sowie eine Bewertung bereits eingetroffener stabilisierter Entwicklungsfolgen für das Kind und eine Beurteilung vorhandener Ressourcen in der Familie. Ferner muss eine kontinuierliche Einschätzung der elterlichen Motivation zur Veränderung und Kooperationsbereitschaft stattfinden.[9] Zusätzlich muss immer das Alter des Kindes berücksichtigt werden. Je jünger ein Kind ist, desto leichter treten Folgen bei einer Nichtgewährleistung des Kindeswohls auf, die umso stärkere Auswirkungen auf das Kind haben. Das Tätigwerden des Jugendamtes aufgrund gewichtiger Anhaltspunkte liegt unterhalb der Klarheit über eine Kindeswohlgefährdung, allerdings verpflichtet Abs. 1 zuallererst zu einer Abschätzung des Gefährdungsrisikos und nicht automatisch zu einer Hilfegewährung oder einem Eingriff in die elterliche Sorge.[10] Damit steht § 8a Abs. 1 SGB VIII auch nicht im Widerspruch zu Art. 6 Abs. 2 GG. Bei der Risikoeinschätzung einer dem zuständigen Jugendamt bisher nicht bekannten Familie sollten außerdem Punkte wie vor allem die Gewährleistung des Kindeswohls, die Problemakzeptanz und –kongruenz, als auch die Hilfeakzeptanz der Eltern angesprochen werden.[11,12] Das Jugendamt wird zu dem Schluss gekommen sein, dass eine Hilfegewährung notwendig ist. Gesetzliche Grundlage für eine Hilfe zur Erziehung stellt § 27 SGB VIII dar. Auf HzE haben jene PSB von Kindern und Jugendlichen Anspruch, deren Erziehung nach ihrem Wohl nicht gewährleistet ist und eine HzE für „seine Entwicklung geeignet und notwendig ist". Folglich wird im Fall Benjamin-Pascal eine Sozialpädagogische Familienhilfe eingesetzt. Ein Entzug der elterlichen Sorge scheint vor allem

---

[9] vgl. Schone, 2008, 112f.
[10] vgl. Mrozynski, § 8a, Rn. 8.
[11] vgl. Empfehlungen des Deutschen Städtetages
[12] vgl. Trenczek, o.J.a, 15.

in Bezugnahme des Subsidiaritätsprinzps – geringer Eingreifende Maßnahmen, vor schwerwiegenderen – (noch) nicht in Betracht zu kommen. Ob die Eltern die SPFH freiwillig in Anspruch nehmen oder diese vom Familiengericht auferlegt bekommen ist nicht bekannt. Nach § 31 SGB VIII ist diese für eine „intensive Betreuung und Begleitung der Familie in ihren Erziehungsaufgaben, bei der Bewältigung von Alltagsproblemen, der Lösung von Konflikten und Krisen" zuständig. Aufgrund der fehlenden Informationen über die Vorgeschichte der Familie, scheint diese Maßnahme vorerst geeignet und angemessen. Durch diese intensivste Form der ambulanten Hilfen zur Erziehung soll eine Fremdunterbringung vermieden werden. Legitimiert ist diese Hilfeform durch eine Nichtgewährleistung einer dem Kindeswohl entsprechenden Erziehung. Der Begriff Kindeswohl kann auf Merkmale wie Bindung und Wille des Kindes, Betreuungs- und Erziehungsbeständigkeit und weitgehende Freiheit von Angst, Belastung und Konflikten gestützt werden[13]. Vor allem letzterer Punkt ist bei Benjamin-Pascal nicht gewährleistet, wie die Jugendamtsmitarbeiter beim ersten Hausbesuch selbst feststellen konnten. Die Schwelle des Kindeswohls ist vom Gesetzgeber bewusst niedrig gehalten. Im § 31 SGB VIII ist klar ausgedrückt, dass eine SPFH die Mitarbeit der Familie erfordert und auch Münder und Trenczek betonen die Erforderlichkeit der aktiven Mitarbeit der Familie[14]. Im Fall Benjamin-Pascal scheitert der Einsatz der SPFH an der mangelnden Kooperationsbereitschaft der Eltern.

Hier sind zwei Aspekte augenfällig: Die Ausarbeitung eine Hilfeplanes und das Gefährdungsabwendungsprimat bzw. die Mitwirkungspflicht der Eltern. Ersteres ist in § 36 SGB VIII festgelegt. Eine Hilfeplanung

---

[13] vgl. Jung, § 27, Rn. 11.
[14] vgl. Münder/Trenczek, 101.

stellt eine „fachgerechte Prüfung der normativen Leistungsvoraussetzungen"[15] dar. Vor einer Hilfeinanspruchnahme sind die Personensorgeberechtigten über Art und Umfang der Hilfen zu informieren, sowie über mögliche Entwicklungsfolgen des Kindes. § 36 Abs. 1 S. 4 SGB VIII bezieht sich auf § 5 des gleichen Buches, wonach die PSB das Recht haben zwischen diversen Einrichtungen und Trägern zu wählen und Gestaltungswünsche der Hilfe äußern können, worauf sie hinzuweisen sind. Diesem Wunsch- und Wahlrecht soll entsprochen werden, falls diese nicht mit unverhältnismäßigen Mehrkosten verbunden ist. Eine Entscheidung der Hilfeart soll nach § 36 Abs. 2 S. 1 SGB VIII nach dem Vier-Augen-Prinzip in „Zusammenwirken mehrerer Fachkräfte" erfolgen, wenn eine Hilfe auf längere Zeit vorgesehen ist. Zwar stellt „längere Zeit" einen unbestimmten Rechtsbegriff dar, allerdings liegt hier kein Beurteilungsspielraum zugrunde. Ein Zusammenwirken hat demnach stattzufinden. Außerdem dient dies der Absicherung der fallzuständigen Fachkraft. Die Personensorgeberechtigten sind bei der Aufstellung eines Hilfeplanes, sowie alle an dem Hilfeverfahren Mitwirkenden, zu beteiligen. Aus § 36 Abs. 2 S. 2 SGB VIII ergibt sich eine Mitwirkungspflicht der PSB. Eine regelmäßige Prüfung des Hilfeplanes über die Geeignetheit und Notwendigkeit soll in regelmäßigen Abständen stattfinden. Es hat den Anschein, dass ein solches Hilfeplanverfahren, dass das Ziel hat, „den Bedarf erzieherischer Hilfen... für einen jungen Menschen festzustellen und die für ihn notwendigen und geeigneten Hilfen zu bestimmen"[16] für Benjamin-Pascal nicht

---

[15] Münder/Trenczek, 120.
[16] vgl. Jung, § 36, Rn. 2.

stattgefunden hat und ein Hilfeplan, der in der Regel vor der Hilfege-währleistung aufzustellen ist[17], nicht ausgearbeitet wurde.

Weiterhin hätte in Bezug auf die Personensorge auffallen müssen, dass die Eltern von Benjamin-Pascal nie verheiratet waren. Damit stünde nach § 1626a BGB die elterliche Sorge allein der Mutter zu. Die elterliche Sorge bezeichnet die „privatrechtliche Beziehung zwischen Eltern und minderjährigen Kindern"[18]. Nach §§ 1626 Abs.1 und 1629 Abs. 1 S. 1 BGB umfasst sie die elterliche Sorge die Personensorge, die Vermögenssorge und die gesetzliche Vertretung. Zusätzlich wurde zu keinem Zeitpunkt festgestellt, ob Daniel B. der tatsächliche Vater von Benjamin-Pascal ist. Die Voraussetzung nach § 1592 Nr. 1 BGB treffen nicht zu und Nr. 2 und 3. desselben Paragraphen scheinen nicht geklärt worden zu sein. In Bezugnahme auf § 36 SGB VIII bedeutet dies, dass der nichtsorgeberechtigte Elternteil, also hier der (angenommene) Vater, in der Beteiligung des Hilfeplanverfahrens prinzipiell nicht vorgesehen ist. Allerdings kann er beteiligt werde, wenn sachliche Gründe dafür sprechen[19]. Aufgrund der vorhandenen Gewaltbereitschaft des Vaters, wäre von einer Beteiligung jedoch abzusehen, da erwartet werden kann, dass hierdurch der Verfahrensverlauf negativ beeinflusst werden könnte. Hätte ein Hilfeplanverfahren stattgefunden und wäre der Hilfeplan regelmäßig überprüft worden, hätte der Fallverlauf – auch durch das Familiengericht – besser nachvollzogen werden können. Vor allem Wiesner verweist auf die Wichtigkeit eines Hilfeplanes in Verfahren vor dem Familiengericht. Ein Hilfeplan hätte in

---

[17] vgl. Münder/Trenczek, 120f.
[18] Münder/Trenczek, 144.
[19] vgl. Jung, § 36, Rn. 8

den gerichtlichen Verfahren im Fall Benjamin-Pascal als Grundlage „über angebotene und erbrachte Leistungen"[20] und als Beweis für gescheiterte öffentliche Hilfen dienen können. Zusätzlich ergibt sich durch die Mitwirkung des Jugendamtes vor dem Familiengericht aus § 50 Abs. 2 SGB VIII eine Verpflichtung den Hilfeplan dem Familiengericht vorzulegen.[21] Dies konnte im Fall Benjamin-Pascal nicht getan werden, da anscheinend kein Hilfeplan ausgearbeitet wurde, der somit auch nicht als Abstimmungswerkzeug im familiengerichtlichen Verfahren dienen konnte. Für das Jugendamt hätte ein Hilfeplan dementsprechend zur Überprüfung der gerichtlichen Entscheidungen dienen können[22] und somit den Fallverlauf positiv lenken können. So ist hier vor allem das Jugendamt seiner fachlichen Verantwortung nicht nachgekommen und hat somit einen Leistungserfolg möglicherweise verhindert, zumindest jedoch diesen nicht gefördert.

Des Weiteren hätte das Jugendamt spätestens nach Scheitern der SPFH das Gefährdungsabwendungsprimat bzw. die Mitwirkungspflicht zur Beseitigung des Gefährdungsrisikos stärker in Fokus stellen müssen. Ein Gefährdungsabwendungsprimat der Eltern ergibt sich aus Art. 6 Abs. 2 S. 1 GG: „Pflege und Erziehung der Kinder sind das natürliche Recht der Eltern und die zuvörderst ihnen obliegende Pflicht." Durch den verfassungsrechtlichen Charakter ist dieses Recht der Eltern besonders geschützt und durch Art. 6 Abs. 1 GG steht die Familie zusätzlich unter dem besondern Schutz der staatlichen Ordnung. Allerdings wacht über die Ausführung der elterlichen Pflichten die staatliche Gemeinschaft und damit im besonderen Maße das Jugendamt als Vertreter

---

[20] Wiesner, 2006a, § 36, Rn.71.
[21] vgl. Wiesner, 2006a, § 36, Rn. 73.
[22] vgl. Wiesner, 2006a, § 36, Rn. 74a.

des Staates. Dieses Elternrecht stellt ein fremdnütziges Recht zur Beachtung des Kindeswohls dar[23]. Demnach haben Eltern nicht nur das Recht, sondern auch die Pflicht ihre Kinder zu pflegen und zu erziehen. Das Erziehungsrecht der Eltern endet jedoch dort, wo das Kindeswohl gefährdet ist. Vor allem der Pflichtcharakter zur Gefährdungsabwendung hebt sich hier hervor. Hierzu gehört somit auch die Pflicht an einer Gefährdungsbeseitigung mitzuwirken und eine Abschätzung des Gefährdungsrisikos zuzulassen[24]. Eine Mitwirkungspflicht zur Gefährdungsabschätzung und -abwendung ergibt sich ausdrücklich aus § 8a Abs. 3 S. 1 SGB VIII. Diese Pflicht zur Mitwirkung wird mit Art. 6 Abs. 2 S.1 GG begründet[25] und ergibt sich aus der elterlichen Erziehungsverantwortung[26]. Grundsätzlich erschließt sich der Schutzauftrag aus § 8a SGB VIII auf Art. 6 Abs. 2 S. 1 GG, der zu dessen Umsetzung dient und § 1 Abs. 2 S. 2 SGB VIII bekräftigt und konkretisiert.[27] Wirken die PSB an der Gefährdungsabschätzung nicht mit und hält das Jugendamt ein Tätigwerden des Familiengerichtes für erforderlich, so hat es dieses nach § 8a Abs. 3 S. 1 SGB VIII anzurufen. Bereits § 50 Abs. 3 SGB VIII a.F. verpflichtete hierzu[28]. Auch hier hat das Jugendamt durch die hat-Bestimmung kein Ermessensspielraum, der sich auf die Rechtsfolge bezieht. Die Tatbestandsebene – also ob ein Gefährdungsrisiko vorliegt – muss das Jugendamt eigenständig entscheiden. Kommt es zu dem Schluss, dass ein Gefährdungsrisiko vorliegt, so hat es das Familiengericht anzurufen. „Ein gesteigerter Grad der Gefähr-

---

[23] vgl. Münder/Trenczek, 11.
[24] vgl. Salgo.
[25] vgl. Jung, § 8a, Rn. 4.
[26] vgl. Wiesner, 2006b, 17.
[27] vgl. Mrozynski, § 8a, Rn. 3.
[28] vgl. Salgo.

dung des Kindeswohls ist dazu nicht erforderlich."[29] Um eine mögliche Kindeswohlgefährdung fachlich bewerten zu können, muss eine Prognose der möglichen Folgeschäden für Benjamin-Pascal, die Erheblichkeit der momentanen Gefährdungssituation, sowie die Bereitschaft und Fähigkeit der Eltern zur Mitarbeit betrachtet werden, um feststellen zu können, welche Maßnahmen im Einzellfall geeignet und angemessen sind.[30]

Durch ein Verweigern der Zusammenarbeit gehen die Eltern von Benjamin-Pascal ihrer Mitwirkungspflicht und ihrem verfassungsrechtlich verankertem Gefährdungsabwendungsprimat nicht nach. Immer wieder sagt der Vater von Benjamin-Pascal, dass sie (auch zukünftig) nicht bereit sind mit dem Jugendamt zusammenzuarbeiten. Da die Eltern nicht bereit sind, das Gefährdungsrisiko abzuwenden, ist das Jugendamt berechtigt das Familiengericht anzurufen. Ob das Familiengericht angerufen werden muss, liegt im Beurteilungsspielraum des Jugendamtes.[31] Dies hat das Jugendamt getan und den Entzug des Sorgerechtes angeregt. Das Zusammenwirken von Jugendamt und Familiengericht – das hier nicht optimal stattgefunden hat – soll im Idealfall als Interessens- bzw. Verantwortungsgemeinschaft verstanden werden, indem beide Institutionen im Interesse des Kindes oder Jugendlichen zusammenarbeiten. Zugleich befinden sich beide Einrichtungen in einer Art Abhängigkeitsverhältnis zueinander. Das Jugendamt ist von den Entscheidungen des Familiengerichtes abhängig, dieses kann angemessene Entscheidungen aber erst durch die Mitwirkung des Jugendamtes nach § 50 SGB VIII treffen. Da sich das Jugendamt im Fall Benjamin-Pascal

---

[29] vgl. Jung, § 8a, Rn. 6.
[30] vgl. Schone, o.J., 7.
[31] vgl. Trenczek, o.J.a, 3.

nicht mehr auf eine Kooperation der Eltern zur Gefahrenabwendung verlassen kann und diese die Grundrechte von Benjamin-Pascal – vor allem dessen Menschenwürde, sein Recht auf Leben und körperliche Unversehrtheit – missachten, ist der Staat zur Intervention verpflichtet[32] und das Jugendamt auf die Mitwirkung des Familiengerichtes und dessen Entscheidung angewiesen.[33] Das Gericht hätte dementsprechend ein Verfahren nach § 1666 BGB einleiten und gerichtliche Maßnahmen – nach dem Maßstab des Verhältnismäßigkeitsprinzips – treffen müssen, was es nicht getan hat bzw. wurde das Sorgerecht weder eingeschränkt, noch entzogen. Gesetzliche Grundlagen für gerichtliche Maßnahmen lagen jedoch vor. Nach Abs. 1 hat das Familiengericht geeignete Maßnahmen zu treffen, wenn das körperliche, geistige und seelische Wohl – wie es bei Benjamin-Pascal durch Vernachlässigung der Fall ist – gefährdet ist und die Eltern nicht bereit oder in der Lage sind die Gefahr abzuwenden. Kindesvernachlässigung kann definiert werden als „eine situative oder andauernde Unterlassung fürsorglichen Handelns"[34]. Eine Gefährdung liegt vor, wenn mit erheblicher Wahrscheinlichkeit durch die gegenwärtige psychosoziale Situation benennbare Schädigungsfolgen am Minderjährigen eintreten.[35] Hier spiegeln sich drei Kriterien wider, anhand derer eine Kindeswohlgefährdung gemessen werden kann: die Sicherheit der Vorhersage, die Erheblichkeit einer Schädigung und die gegenwärtige Gefahr. Eine Prognose muss dabei mit ziemlicher Sicherheit abgegeben werden. Vor allem bei einer Kindesvernachlässigung muss hierbei beachtet werden, dass sich Entwicklungsbeeinträchtigungen erst verzögert zeigen und feststellen las-

---

[32] vgl. Schmid/Meysen, 2-3.
[33] vgl. Wiesner, 2006b, 1-5.
[34] Kinderschutz-Zentrum Berlin, 43.
[35] vgl. Münder/Ernst, 164.

sen. Erheblich ist eine Schädigung vor allem dann, wenn der Körper und das Leben des Kindes bedroht sind. Eine nicht ausreichende Bereitstellung von Nahrung und eine Gewaltbereitschaft eines Elternteils, wie bei Benjamin-Pascal, zählen hier dazu. Für die Annahme einer gegenwärtig vorhandenen Gefahr ist ein begründeter, erheblicher Verdacht notwendig. Dieser kann sich aus der Feststellung elterlichen Unterlassens oder Tuns, den konkret vorfindbaren kindlichen Lebensumständen oder aus dem Aspekt der kindlichen Entwicklung ergeben.[36] Im Fall Benjamin-Pascal wird nur unzureichend Nahrung bereitgestellt, der Vater ist gewaltauffällig, die Wohnsituation ist für Kinder unadäquat und Benjamin-Pascal zeigt bereits in seinem jungen Alter Entwicklungsrückstände. Benjamin-Pascal weißt daher deutliche Anzeichen einer Vernachlässigung auf. Vor allem in Hinblick auf sein Alter ist ein zeitnahes Handeln geboten, da Benjamin-Pascal sich nicht, wie ältere Kinder dies möglicherweise besser können, selbst pflegen kann. Diese Aspekte hätten ein Tätigwerden des Familiengerichtes erfordert, zumal sich die zuständige Familienrichterin ein dreiviertel Jahr vorher selbst einen Eindruck über die Familiensituation verschafft hat.

Um zusätzliche Entscheidungssicherheit zu erlangen, hätte das Familiengericht nach § 158 Abs. 2 Nr. 2 FamFG einen Verfahrensbeistand einsetzen müssen. Dieser hätte nach Abs. 4 S. 1 die Interessen von Benjamin-Pascal festgestellt und dem Gericht vorgetragen. Damit ist der Verfahrensbeistand dem subjektiven und objektiven Interesse des Kindes[37] verpflichtet und hätte vor dem Gericht zum Wohle von Benjamin-Pascal einen (zumindest teilweisen) Sorgerechtsentzug anregen können und damit die Einschätzung des Jugendamtes unterstützt. Ein

---

[36] vgl. Schmid/Meysen, 2-5f.
[37] vgl. Friederici/Kemper , § 158, Rn. 17.

Entzug der Personensorge scheint aus sozialpädagogischer Sicht angemessen, da andere Maßnahmen – eine SPFH als intensivste Form ambulanter Hilfen – erfolglos waren, andere Maßnahmen zu einer Gefahrenabwendung nicht mehr ausreichend sind und die Eltern von Benjamin-Pascal nicht bereit sind, die Gefahr abzuwenden. Hierbei muss beachtet werden, dass die Auswirkungen einer Kindeswohlgefährdung umso stärker sind, je jünger das Kind ist.[38] Ein zeitnahes Handeln ist also geboten. Eine Gefährdung kann nur durch eine Herausnahme des Kindes aus der Herkunftsfamilie abgewendet werden. Dies ist von Seiten des Familiengerichts nicht geschehen.

Auch versäumte es das Gericht, seine Entscheidung zu überprüfen. Zwar wird diese Überprüfung seit September 2009 im BGB nicht mehr explizit gefordert, allerdings ergibt sich diese Pflicht zur Überprüfung nun aus § 166 Abs. 2 und 3 FamFG, indem das Gericht seine Entscheidungen – auch wenn es von Maßnahmen nach den §§ 1666 bis 1667 BGB absieht – „in einem angemessenen Zeitabstand" überprüfen soll. Eine solche Überprüfung, die in der Regel nach drei Monaten stattfindet, ist im Fall Benjamin-Pascal vom Gericht nicht vorgenommen worden. Auch das mögliche Risiko einer Fehleinschätzung[39] durch das Familiengericht kann so kontrolliert und im gegebenen Fall aufgehoben werden.

Eine weitere Kontrollfunktion kann das Jugendamt durch den Gebrauch von Rechtsmitteln einnehmen. Nach § 59 Abs. 2 FamFG hätte das Jugendamt als Antragssteller eine Beschwere beim Oberlandesgericht einreichen können, womit die Entscheidung des Familiengerichtes überprüft worden wäre. Wäre auch diese Beschwerde ohne Erfolg

---

[38] Kinderschutz-Zentrum Berlin, 44.
[39] vgl. Münder/Ernst, 164.

gewesen, hätte das Jugendamt nun die Möglichkeit nach §§ 70ff. FamFG eine Rechtsbeschwerde beim Bundesgerichtshof einzulegen. Auch diese Möglichkeiten wurden von Seiten des Jugendamtes nicht getätigt, wodurch wiederum ein wirksamer Kinderschutz gefährdet worden ist. Wäre das Familiengericht den Vorwürfen und dem Antrag des Jugendamtes nachgegangen und hätte dieses nach § 162 FamFG angehört, hätte das Jugendamt das Familiengericht nach § 50 SGB VIII über angebotene und erbrachte Leistungen informieren können und „erzieherische und soziale Gesichtspunkte zur Entwicklung des Kindes" einbringen können.

Lediglich einem Antrag des Jugendamtes auf die Begutachtung der Erziehungsfähigkeit wurde entsprochen. Jedoch sieht es so aus, dass das Gericht der Gutachterin keine Frist gesetzt hat, wie es § 163 FamFG fordert, da die Gutachterin er ein Jahr später mit ihren Untersuchungen beginnt und es weitere zehn Monate dauert, bis das Gutachten abgeschlossen ist. Bereits zu Beginn des Gutachtens ist Benjamin-Pascal seit einem Monat tot. Dem kindlichen Zeitempfinden wurde hier in keiner Weise Rechnung getragen.

Eine dringende Gefahr für das Kindeswohl schien zu diesem Zeitpunkt akut nicht gegeben gewesen zu sein, womit das Jugendamt nicht berechtigt gewesen wäre Benjamin-Pascal nach § 8a Abs. 3 S. 2 SGB VIII i.V.m. § 42 Abs. 1 Nr. 2 SGB VIII in Obhut zu nehmen. „Ein Gefahrenverdacht oder einzelne Indizien für das vorliegen einer Gefahr reichen nicht."[40] Eine gegenwärtige Gefahr, wäre dann gegeben, wenn „eine Schädigung mit großer Wahrscheinlichkeit unmittelbar bevorsteht."[41] Nur zwei Monate später stellen Ärzte bei Benjamin-Pascal

---

[40] vgl. Jung, § 42, Rn. 5.
[41] vgl. Jung, § 42, Rn 7.

und seinen Geschwistern „Hautauffälligkeiten mangels Hygiene, fehlende Impfungen, (und eine)[42] schlechte mentale und motorische Entwicklung"[43] fest. Spätestens hier muss feststehen, dass die Gesundheit Benjamin-Pascal gefährdet ist. Eine schlechte mentale und motorische Entwicklung in diesem Alter kann weitere Folgewirkungen mit sich ziehen und vor allem Benjamin-Pascals Kindheit und Jugend nachhaltig beeinflussen. Hier liegt ein klares Unterlassen der physischen und psychischen Versorgung von Benjamin-Pascal vor. Weder ist seine Gesundheitsfürsorge ausreichend, noch wird er seinem Alter entsprechend gefördert. Hier liegt ein klarer Fall von Vernachlässigung vor.[44] Für Schone bezieht sich eine Kindesvernachlässigung vor allem auf kleinere Kinder, wie Benjamin-Pascal, der bei seiner Bedürfnisbefriedigung von Nahrung, Pflege, Kleidung, Gesundheitsfürsorge, Betreuung, Sicherheit und Zuwendung völlig von seinen Eltern abhängig ist.[45] Nun ist sein körperliches und seelisches Wohl akut gefährdet und eine „hinreichend konkrete Gefährdung des Kindeswohls"[46] liegt vor. Wird Benjamin-Pascal nun nicht aus der Familie genommen, lässt sich eine (weitere) Schädigung seines Wohls erwarten. Jetzt, wo das Jugendamt eine Handlungsmöglichkeit hat, unternimmt es nichts. Das Jugendamt hätte Benjamin-Pascal unter den nun gegebenen Umständen nach § 42 Abs. 1 Nr. 2 SGB VIII in Obhut nehmen können. § 42 SGB VIII richtet sich nach den Maßstäben des § 1666 BGB,[47] also der Gefährdung des körperliche, geistigen und seelischen Wohls des Kindes oder Jugendliche. § 42 Abs. 1 Nr. 2 SGB VIII stellt – im Gegensatz zu Nr. 1 –

---

[42] Anm. des Verfassers.
[43] Seite 5 der Aufgabenstellung.
[44] vgl. Münder/Ernst, S.166.
[45] vgl. Schone, o.J. 6.
[46] vgl. Jung, § 42, Rn. 5.
[47] vgl. Trenczek, o.J.b.

eine Befugnisnorm dar. Allerdings hängt diese Befugnis zur Inobhutnahme mit einer Verpflichtung zusammen[48]. Ist das Wohl des Kindes
dringend gefährdet, ist das Jugendamt verpflichtet, es aus seiner Familie zu nehmen. Zusätzlich kommt dem fallzuständigen Mitarbeiter des
Jugendamtes durch die §§ 42 und 8a Abs. 3 SGB VIII eine Garanten-
stellung zu, die es – da sie zum Tätigwerden verpflichtet – zu beachten
gilt und der hier nicht nachgegangen wurde.[49] Eine Vernachlässigung
stellt auch für Münder und Trenczek eine dringende Gefährdung dar.
Eine Berechtigung zur Inobhutnahme liegt im Fall Benjamin-Pascal
dementsprechend vor. Da davon auszugehen ist, dass gerade hier der
Vater einen Gewaltausbruch haben wird, sind nach Abs. 6 und § 8a
Abs. 4 S. 2 SGB VIII befugte bzw. zuständige Stellen zur Herausnahme des Kindes hinzuzuziehen. Nach der Inobhutnahme hat das Jugendamt unverzüglich das Familiengericht nach Abs. 3 Nr. 2 zu informieren. Bedauerlicherweise ist es jedoch zu keiner Inobhutnahme gekommen, hingegen wird ein Monat später ein weiterer Antrag auf Sorgerechtsentzug gestellt, da das Jugendamt das Kindeswohl als gefährdet
ansieht. Wieder sieht die Familienrichterin keine Entscheidungsgrund-
lage für einen Entzug der Personensorge oder den Entzug des Aufent-
haltsbestimmungsrechtes. Spätestens hier sollte sich die Familienrichterin doch Fragen, warum das Jugendamt innerhalb von vier Monaten
zwei Mal einen Sorgerechtsentzug beantragt. Wahrscheinlich nimmt
die Familienrichterin den verfassungsrechtlichen Schutz der Familie so
sehr wahr, dass sie darüber hinaus das Kindeswohl zu wenig beachtet.
Allerdings hätte sie eine Entscheidung treffen müssen, die nach §
1697a BGB „dem Wohl des Kindes am besten entspricht". Weitere

---

[48] vgl. Münder/Trenczek, 131.
[49] vgl. Mrozynski, § 8a, Rn. 29.

zwei und fünf Monate später folgen weitere Anträge des Jugendamtes an das Familiengericht – ohne Erfolg.

Eine weitere Frage ist, warum das Familiengericht nach drei Sorgerechtsentzugsanträgen in einer Zwischenverhandlung lediglich zwei Kinder aus der Familie nimmt, wo doch klar zu sein scheint, dass alle sechs Kinder gefährdet sind. Angaben der Eltern, wonach Benjamin-Pascal bei den Großeltern sein soll, wurden nicht geprüft, ein weiterer vermeidbarer Fehler seitens des Jugendamtes und des Gerichts. Bereits einen Monat nach der Zwischenverhandlung findet der vierte Antrag auf Sorgerechtsentzug statt, anscheinend wieder ohne Folgen. Drei Monate danach ist Benjamin-Pascal tot. Erst einen Monat später beginnt die Gutachterin mit ihrer Arbeit.

Auch nach dem Umzug der Familie nach Schlagenthin, vier Monate nach Benjamin-Pascals tot scheint verwunderlich, dass in Stresow sechs Kinder ab- in Schlagenthin aber nur fünf Kinder angemeldet werden. Dies hätte den Behörden auffallen müssen, da die Bürgermeisterin von Möckern angeblich zwei Monate vor dem Umzug der Familie mit dem neu zuständigen Sachbearbeiter über diese gesprochen hat. Bereits einen Monat nach dem Umzug wird durch das Jugendamt in Jerichow ein erneuter Antrag beim Familiengericht auf Sorgerechtsentzug gestellt. Zwei Monate nach dem Umzug nach Schlagenthin findet durch das Jugendamt ein Hausbesuch statt, bei dem der Vater wieder den Zutritt verweigert. Drei Tage nach diesem Hausbesuch wird ein Eilantrag auf Sorgerechtsentzug gestellt. Hier ist merkwürdig, dass ein Sorgerechtsentzug für sechs Kinder gestellt wird, obwohl zu diesem Zeitpunkt nur noch fünf Kinder gemeldet sind. Dies hätte spätestens jetzt auffallen müssen. Außerdem befinden sich seit etwa einem Jahr laut Angaben zwei Kinder in Pflegefamilien.[50] Drei Tage später folgt dem Eilantrag ein förmlicher Antrag. Auch hier fallen niemandem die oben erwähnten Aspekte auf.

Fast ein Jahr nach Benjamin-Pascals tot bescheinigt das beantragte Gutachten die grenzwertige Erziehungsfähigkeit der Eltern. Das eine dem Kindeswohl entsprechende Erziehung nicht gewährleistet ist, fällt dem Familiengericht allerdings immer noch nicht auf. Knapp zwei Wochen später stellt eine Ärztin die Vernachlässigung eines der anderen Kinder fest. Erst die Polizei merkte, als sie die Eltern darüber informiert, dass ein Kind fehlt. Benjamin-Pascal wird knapp ein Jahr nach seinem Tod gefunden.

Abschließend kann behauptet werden, dass das Jugendamt zu genüge Anträge auf einen (zumindest teilweisen) Sorgerechtsentzug bei dem zuständigen Familiengericht eingereicht hat und diesem seine Sichtweise oft genug vorgetragen hat. Durch sein Unterlassen hat sich das Familiengericht im Fall Benjamin-Pascal schuldig gemacht. Durch dieses Nicht-Eingreifen haben sich die Eltern in ihrem Verhalten bestätigt und gesichert gefühlt. Auch das Familiengericht hat hier nur mangelhaft mit dem Jugendamt kooperiert. Ein effektiver Kinderschutz kann nur gelingen, wenn Jugendamt und Familiengericht zusammenarbeiten und die sozialpädagogischen Möglichkeiten mit der familiengerichtlichen Autorität verbunden werden.[51] Allerdings hätte das Jugendamt

---

[50] vgl. Seite 6 der Aufgabenstellung.
[51] vgl. Wiesner, 2006b, 1-5.

vor allem nach dem ärztlichen Befund der Vernachlässigung ein drei-viertel Jahr vor Benjamin-Pascals tot eine akute Gefährdungslage se-hen können und die Kinder in Obhut nehmen können. Wenn das Ju-gendamt sechs Anträge beim Familiengericht stellt, kann angenommen werden, dass die familiäre Lage im gesamten Fallverlauf auch in ande-ren Situationen fragwürdig und kindeswohlgefährdend gewesen ist. Auch bleibt zu fragen, ob seitens des Jugendamtes eine ausführliche Dokumentation des Fallverlaufes stattgefunden hat, wie es der Deut-sche Städtetag empfiehlt. Durch einen gut dokumentieren Fallverlauf und die Ausarbeitung und Fortsetzung eines Hilfeplanes, wäre das Le-ben von Benjamin-Pascal – sicherlich auch für die Familienrichterin – besser nachvollziehbarer und überschaubarer gewesen.

Beeinflussung des Fallverlaufes durch das Bun-deskinderschutzgesetz

Wie hätte nun eine erweiterte gesetzliche Grundlage, wie sie im Bun-deskinderschutzgesetz vorgesehen ist, den Fallverlauf beeinflussen und verändern können? Hermann Kues lobt das BKiSchG vor dem Bundes-tag am 01.07.2011 als eine „stabile gesetzliche Grundlage"[52], das mehr „Handlungs- und Rechtssicherheit"[53] verspricht und auch Miriam Gruß nennt das „Gesetz ein Meilenstein für den Kinderschutz in Deutsch-land"[54]. Im BKiSchG spiegeln sich, als Artikelgesetz, die wesentliche Inhalte die Einrichtung Früher Hilfen und verlässlicher Netzwerke, mehr Handlungs- und Rechtssicherheit, verbindliche Standards und die

---

[52] Vorabveröffentlichung Deutscher Bundestag
[53] ebd.
[54] ebd.

Erarbeitung statistischer Daten wieder. Um dies zu verwirklichen, soll unter anderem ein Gesetz zur Kooperation und Information im Kinderschutz (KKG) umgesetzt und das SGB VIII abgeändert und erweitert werden.

Das KKG adressiert – im Gegensatz zum SGB VIII – nicht (nur) Kinder, Jugendliche, Eltern und PSB, sondern vor allem jene, die mit Kindern und Jugendlichen arbeiten bzw. in anderer Weise zu tun haben. § 1 Abs. 1 KKG bezieht sich inhaltlich auf § 1 Abs. 1 SGB VIII, wonach das Ziel des Gesetztes der Schutz für Kinder und Jugendliche die Förderung ihrer Entwicklung ist. Das Wohl des Kindes ist hier zwar ausdrücklich zu schützen, allerdings kritisiert das DRK in seiner Stellungnahme zum Regierungsentwurf des BKiSchG, dass hier nicht das Recht des Kindes betont wird und somit der Vorgang des Kindeswohls.[55] Damit wird der Gesetzesentwurf Art. 3 UN-KRK nicht gerecht, indem das Kindeswohl als vorrangiger Gesichtspunkt zu beachten ist. Hätte es eine solche gesetzliche Grundlage innerhalb des Fallverlaufes von Benjamin-Pascal gegeben, hätte das Familiengericht dem Kindeswohl vielleicht eine höhere Bedeutung zugeschrieben als dem verfassungsrechtlich verankertem Elternrecht, da diese Grundlage – das Kindeswohl „voranging zu berücksichtigen" – der KRK auch explizit im Deutschen Recht verankert gewesen wäre. § 1 Abs. 2 KKG bezieht sich auf Art. 6 Abs. 2 GG und hebt so dessen Wichtigkeit noch einmal – wie auch § 1 Abs.2 SGB VIII – hervor. Durch § 1 Abs. 4 KKG werden Eltern Informationen, Beratung und Hilfe angeboten. Besonderes Augenmerk wird hier auf die Installation von Frühen Hilfen

---

[55] vgl. DRK, 5.

gelegt. Diese „verfolgen das Ziel, Elternkompetenz von Anfang an zu stärken, um Entwicklungsmöglichkeiten von Kindern bestmöglich zu fördern, Risiken für ihr Wohl möglichst für wahrzunehmen und Gefährdungen systematisch abzuwenden."[56]

All dies hätte Benjamin-Pascal dringend benötigt. Da sich Frühe Hilfen vor allem an Familien in Problemlagen wende, wäre eine Installation dieser in der Familie von Benjamin-Pascal mehr als sinnvoll, ja gar nötig gewesen. Allerdings lässt sich auch hier vermuten, dass eine solche Maßnahme durch die mangelnde Mitwirkung der Eltern gescheitert wäre. Möglicherweise hätte sich dagegen eine Bereitschaft der Familie zur Mitwirkung ergeben können, wenn zu diesem Zeitpunkt ein flächendeckendes Netzwerk Früher Hilfen installiert gewesen wäre, dass als Standardprogramm allen Familien mit kleinen Kinder angeboten würde und sich ein solches Angebot bereits gesellschaftlich gefestigt hätte und anerkannt wäre. Dann hätte sich Benjamin-Pascals Familie vielleicht weniger selbst, durch das Jugendamt beeinflusst, als „mehrfach belastete Familie"[57] wahrgenommen, wie es ihnen sicherlich vorgekommen ist, sondern hätten möglicherweise ein Angebot als Standardprogramm, dass alle Familien bekommen können, angenommen.

Wie die Frage, ob Frühe Hilfen im Fall Benjamin-Pascal eine Veränderung hervorgerufen hätten, hätte auch der Einsatz einer Familienhebamme, wie sie in § 3 Abs. 4 KKG angesprochen wird, gut oder schlecht von der Familie aufgegriffen werden können. Der frühe Einsatz einer solchen Familienhebamme hätte vor allem die Mutter von Benjamin-Pascal unterstützen und entlasten können, andererseits hätte

---

[56] vgl. Deutscher Bundestag, Drucksache 17/6256, 28.
[57] vgl. Salgo.

ein solcher Einsatz von der Familie als ein zu tiefes Eindringen in ihre Privatsphäre bewertet werden können, womit der Einsatz gescheitert wäre. Der Bundesrat schlug in seiner Stellungnahme vor Abs. 4 zu streichen[58], damit wird jedoch der mögliche Einsatz von Familienhebammen nicht verhindert, da diese immer noch im Bereich der Frühen Hilfen angesiedelt werden können. Zudem wurde der Vorschlag des Bundesrates durch die Gegenäußerung der Bundesregierung abgelehnt[59].

§ 4 KKG entbindet die Berufsgeheimnisträgern nach § 203 StGB, als Befugnisnorm durch diese gesetzliche Grundlage ihrer Schweigepflicht zum Wohle des Kindes, wenn ihnen „in Ausübung ihrer beruflichen Tätigkeit gewichtige Anhaltspunkte für die Gefährdung des Wohls eines Kindes oder Jugendlichen bekannt" werden. Durch § 34 StGB (Rechtfertigender Notstand) wird eine solche Verletzung der Schweigepflicht durch Interessenabwägung rechtmäßig.[60] Vor einer Information an das zuständige Jugendamt sollen sie jedoch erst mit den PSB und Kind bzw. Jugendlichen die Situation erörtern und „auf die Inanspruchnahme von Hilfen hinwirken", wenn dadurch der Schutz des Minderjährigen nicht beeinflusst wird. Dies „stellt keinen Eingriff in das Elternrecht dar"[61], sondern soll als Teil der berufsspeziefischen Aufklärungspflicht angesehen werden. Weiter hätten diese Berufsgeheimnisträger durch das KKG einen Rechtsanspruch auf eine ISEF, mit der sie die Situation besprechen und sich weitere Informationen einho-

---

[58] vgl. Deutscher Bundestag, Drucksache 17/6256, 70.
[59] vgl. Deutscher Bundestag, Drucksache 17/6256, 99.
[60] vgl. Deutscher Bundestag, Drucksache 17/6256, 34f.
[61] Deutscher Bundestag, Drucksache 17/6256, 33.

len können. Sind die bis hierhin getroffenen Maßnahmen erfolglos geblieben, hätten die Berufsgeheimnisträger nun die Befugnis, das Jugendamt zu informieren, worauf die PSB hinzuweisen sind, wenn dies dem Schutz des Minderjährigen nicht entgegenwirkt. Durch die Gliederung dieses Verfahrens nach Abs. 1 und 2 soll dem verfassungsrechtlichen Rang der Elternverantwortung Rechnung getragen werden. Erst wenn Maßnahmen nach Abs. 1 und 2 erfolglos bleiben, „ist die Beeinträchtigung des Elternrechts nach Art. 6 Abs. 2 S. 1 durch das staatliche Wächteramt (Art. 6 Abs. 2 Satz 2 GG) gerechtfertigt.“[62]

Im Fall Benjamin-Pascal hätte eine solche gesetzliche Grundlage der Ärztin der Familie weiterhelfen können. Sie hat oft genug die mangelnde Versorgung der Kinder erkannt und auch die Eltern hierauf hingewiesen und ihnen Ratschläge gegeben. Allerdings endeten dort ihre Möglichkeiten. Mit einem neuen KKG hätte sie den Rechtsanspruch einer ISEF gehabt und hätte sich so über verschiedene Verhaltensmöglichkeiten informieren und sich letztendlich auch direkt an das Jugendamt wenden können. Wie das Jugendamt an die Information über die „mangelnde Hygiene, fehlende Impfungen, schlechte mentale und motorische Entwicklung“[63] kommt und ob dies alles mit einer rechtlichen Grundlage geschah, ist nicht bekannt.

Weiter hätten die Eltern von Benjamin-Pascal durch ein KKG über Unterstützungsangebote informiert werden müssen, da § 2 KKG diese als Pflichtvorhaltungen der Kommunen vorsieht. Allerdings ist davon auszugehen, dass die Eltern aufgrund ihrer fehlenden Kooperationsbereitschaft ein persönliches Gespräch nach § 2 Abs. 2 KKG abgelehnt hätten, da sie auch so nicht mit dem Jugendamt kooperiert haben.

---

[62] vgl. Deutscher Bundestag, Drucksache 17/6256, 34.
[63] Seite 5 der Aufgabenstellung.

§ 8a Abs. 1 S. 2 SGB VIII-E stellt den Schutz des Kindes oder Jugendlichen höher als § 8a Abs. 1 S. 2 SGB VIII, da dieser bereits am Satzanfang erwähnt wird und nicht wie in der älteren Fassung am Ende angefügt ist. Ob durch diese neue Fassung eine Gefährdungsabschätzung ohne die PSB im Fall Benjamin-Pascal stattgefunden hätte, ist eher unwahrscheinlich, hätte rechtlich jedoch besser gerechtfertigt werden können als durch die damalige Gesetzeslage. Außerdem stellt der Entwurf die Grundlage eines Hausbesuches bei Kindern sicher und verpflichtet zu diesem. Nur in Ausnahme darf von einem Hausbesuch abgesehen werden, wenn der Schutz des Kindes dadurch in Frage gestellt würde. Allerdings fanden im Fall Benjamin-Pascal regelmäßige Hausbesuche statt, sodass § 2 Abs. 1 S. 2 SGB VIII-E in diesem Punkt keinen Einfluss auf den Fallverlauf gehabt hätte. Auch die Anrufung des Familiengerichtes gewinnt durch den Gesetzesentwurf an Bedeutung, da sie von Abs. 3 in der gegenwärtigen Form auf Abs. 2 im Entwurf rückt. Hier entsteht der Eindruck, dass die Stellung des Familiengerichtes an Wichtigkeit zunimmt und dessen schnellere bzw. zeitnahere Anrufung somit gerechtfertigt wird. Allerdings hat auch das Jugendamt im Fallverlauf das Gericht mehrmals – erfolglos – angerufen. Da das Jugendamt keinen direkten Einfluss auf die familiengerichtlichen Entscheidungen hat, sondern nur Empfehlungen aus sozialpädagogischer und evtl. entwicklungspsychologischer Sicht anbringen kann, hätte sich auch hier vermutlich nichts am Fallverlauf geändert. Begründet wird die Änderung der Absätze jedoch mit einer Klarstellung des Aufgabenbereiches der öffentlichen Träger bei einer Gefährdungseinschätzung, durch eine zusammenhängende Aufzählung der Aufgaben. Somit soll eine Verwechslung der Aufgabenbereiche zwischen öffentlichen und freien Trägern vermieden werden.[64] § 8a Abs. 5 SGB VIII-E jedoch hätte den Verlauf positiv beeinflussen können.

Durch diesen neuen Absatz soll das sog. Jugendamts-Hopping verhindert werden. So soll sichergestellt werden, dass im Falle eines Zuständigkeitswechsels des Jugendamtes, etwa durch einen Umzug der Familie in einen anderen Zuständigkeitsbereich – wie es bei Benjamin-Pascals Familie der Fall war –, das neu zuständige Jugendamt über den Fall informiert wird und die nötigen Informationen erhält, damit der Schutz des Kindes oder Jugendlichen sichergestellt werden kann und bereits erfahrenes Wissen über Gefährdungen nicht abhanden kommen. § 8a Abs. 5 SGB VIII-E verpflichtet zu einer solchen Datenübermittlung, wenn gewichtige Anhaltspunkte einer Gefährdung gegeben sind. Vor dem BkiSchG lag eine solche Befugnis der Datenübermittlung nur nach § 65 Abs. 1 Nr. 3 SGB VIII zugrunde, die jedoch nicht verpflichtend war. Durch die Mitteilung „im Rahmen eines Gesprächs zwischen den Fachkräften" wird in der neuen Fassung sichergestellt, dass eine Informationsübermittlung sozusagen nicht zwischen Tür und Angel stattfindet, sondern hierfür genügend Zeit und Raum vorhanden ist. Auch § 86c SGB VIII-E verpflichtet den örtliche Träger einen neu zuständigen örtlichen Träger unverzüglich über notwendige Sozialdaten zu informieren. Die Fallverantwortung soll auch hier „im Rahmen eines Gespräches" übergeben werden. Hätte das Jugendamt Aschersleben dem neu zuständigen Jugendamt des Jerichower Landes alle notwendigen Daten übermittelt, hätte dieses die Situation eventuell anders eingeschätzt bzw. anders einschätzen können und den Fallverlauf positiv beeinflussen können.

---

[64] vgl. Deutscher Bundestag, Drucksache 17/6256, 36.

Resümee

Benjamin-Pascal musste sterben, weil seine Eltern ihn in ihrer Erziehung und Pflege vernachlässigt haben. Trotz wiederholten Anrufens des Familiengerichtes, hat es das Jugendamt nicht geschafft, Benjamin-Pascal aus der Familie zu nehmen und sein Wohl zu sichern. Auffallend scheint in diesem Fall vor allem das Misslingen der Kooperation zwischen Jugendamt und Familiengericht – möglicherweise mitbedingt durch eine fehlende Dokumentation seitens des Jugendamtes –, das zum Tod des Jungen nicht unwesentlich beigetragen zu haben scheint. Das Familiengericht hat hier das verfassungsrechtliche Erziehungsprimat der Eltern vor die Grundrechte Benjamin-Pascals auf Leben und körperliche Unversehrtheit gestellt. Im Gegensatz zu seinen Eltern kann sich Benjamin-Pascal mit seinen knapp zwei Jahren jedoch weder selbst helfen, noch für seine Rechte eintreten. In familiengerichtlichen Verfahren, in denen es um das Wohl eines Kindes geht, um dessen körperliche, geistige und seelische Unversehrtheit, muss es oberstes Gebot eines demokratischen Rechtsstaates mit einer Verfassung wie der deutschen sein, dass Leben eines Kindes zu schützen, wenn nötig auch vor den eigenen Eltern. Auch wenn der BGH davon ausgeht, dass primär die Eltern am Wohle des eigenen Kindes am meisten interessiert sind, kommt es doch immer wieder vor, dass Eltern ihre Kinder – bewusst oder unbewusst – gefährden. Gerade für solche Situationen sieht die Verfassung das staatliche Wächteramt vor, durch das Kinder vor Gefahren für ihr Wohl geschützt werden sollen und müssen. In Verfahren vor dem Familiengericht sollte es deshalb nicht oberste Aufgabe sein, das verfassungsrechtlich verankerte Erziehungsprimat der Eltern wie ein Gummiband immer mehr und mehr auszudehnen. Primär muss es darum gehen, das Wohl des betreffenden Kindes zu schützen, da dieses gerade in solchen Situationen existenziell auf Hilfe von außerhalb angewiesen ist und nicht darauf zu warten, bis das Gummiband – wie im Fall Benjamin-Pascal – reißt und das Kind stirbt.

Ein BKiSchG gibt sicherlich weitere Handlungssicherheiten und ermöglicht bereits sehr früh Hilfen, womit späteren Gefährdungssituationen präventiv entgegengewirkt werden kann. Allerdings hätte auch mit den gegenwärtig vorhandenen gesetzlichen Grundlagen das Leben von Benjamin-Pascal gerettet werden können, wenn diese optimal ausgenutzt worden wären. Letzten Endes bleibt es wohl immer vom Einzelfall abhängig, welche gesetzlichen Grundlagen wie wirken und ausgeschöpft werden.

Es wird sich erst künftig zeigen, ob das BKiSchG seine Zielvorgaben erreichen wird. Gesellschaftlich verfestigt und anerkannt, lassen sich aus ihm auf jeden Fall Potenziale ziehen, die vor allem präventiven Charakters sind. Sobald Frühe Hilfen und Familienhebammen erst einmal in den Familien etabliert und in der Gesellschaft vertraut und erprobt sind, werden sie sich sicherlich als wertvolles Instrument erweisen, um Gefährdungslagen für Kinder vorzubeugen und entgegenzuwirken. Dennoch dürfen die bisherigen gesetzlichen Grundlagen nicht in den Hintergrund geraten, sondern müssen neben den neuen Bestimmungen immer in den Köpfen der Fallbeteiligten präsent sein. Erst durch eine Verknüpfung aller gesetzlichen Grundlagen kann Kinderschutz optimal gelingen und alle Beteiligten können in einem Netzwerk zielgerichtet zusammenarbeiten.

Literaturverzeichnis

DEUTSCHER BUNDESTAG (2011): Gesetzesentwurf der Bundesregierung. Entwurf eines Gesetzes zur Stärkung eines aktiven Schutzes von Kindern und Jugendlichen (Bundeskinderschutzgesetz – BkiSchG). Drucksache 17/6256.

DEUTSCHER BUNDESTAG (2011): Vorabveröffentlichung, 17. Wahlperiode, 118. Sitzung, Berlin, 01.07.2011; Tagesordnungspunkt 35.

DEUTSCHER STÄDTETAG/DEUTSCHER LANDKREISTAG/DEUTSCHER STÄDTE- UND GEMEINDEBUND (2009): Empfehlungen zur Festlegung fachlicher Verfahrensstandards in den Jugendämtern bei Gefährdung des Kindeswohls. Online im Internet: http://www.dji.-de /dasdji/stellungnahmen/2009/2009-05_Empfehlungen_Kinderschutz.pdf [Stand: 03.07.2011].

DRK (2011): DRK Stellungnahme zum Entwurf eines Gesetzes zur Stärkung eines aktiven Schutze von Kindern und Jugendlichen (Bundeskinderschutzgesetz – BkiSchG). Online im Internet: http://www.drk.de/fileadmin/Presse/Dokumente/DRK-Stellung-nahme%20BKiSchG%20Juni%202011.pdf [Stand: 08.07.2011].

FRIEDERICI, Peter/KEMPER, Rainer (2009): Familienverfahrensrecht. Handkommentar. Baden-Baden: Nomos.

JORDAN, Erwin (2008): Kindeswohlgefährdung im Spektrum fachlicher Einschätzungen und rechtlicher Rahmenbedingungen. In: Jordan, Erwin (Hrsg.): Kindeswohlgefährdung. Rechtliche Neuregelungen und Konsequenzen für den Schutzauftrag der Kinder- und Jugendhilfe (3. Aufl.). Weinheim und München: Juventa.

JUNG, Hans-Peter (Hrsg.) (2006): SGB VIII Kinder- und Jugendhilfe. Kommentar zum SGB VIII mit Schriftsatz- und Vertragsmustern. Freiburg, Berlin: Rudolf Haufe Verlag.

KINDERSCHUTZ-ZENTRUM BERLIN (Hrsg.) (2009): Kindeswohlgefährdung. Erkennen und Helfen (11. überarb. Aufl.). Berlin: Kinderschutz-Zentrum Berlin e.V..

KOHAUPT, Georg (2006): Der Schutzauftrag der Jugendhilfe nach § 8a KJHG. Online im Internet: http://www.kinderschutz-zentrum-berlin.de/download /Schutzauftrag%20 der%20Jugendhilfe.pdf [Stand: 04.07.2011].

LANDESBETRIEB ERZIEHUNG UND BERUFSBILDUNG DER STADT HAMBURG (2005): Dienstanweisung Schutz bei Kindeswohlgefährdung. Online im Internet: http://www.agjae. de/pics/medien/1_1262084828/Anlage_1_zur_DV_51Anhaltspunkte_Kindeswohlgefaehrdung_.d-205.pdf [Stand: 03.07.2011].

LILLIG, Susanna (2006): Wie kann eine erste Gefährdungseinschätzung vorgenommen werden? In: Kindler, Heinz/Lillig Susanna u.a. (Hrsg.): Handbuch Kindeswohlgefährdung nach § 1666 BGB und Allgemeiner Sozialer Dienst (ASD). München: DJI.

MÜNDER, Johannes/ERNST, Rüdiger (2009): Familienrecht. Eine sozialwissenschaftlich orientierte Darstellung (6. überarb. Aufl.) Köln: Luchterhand.

MÜNDER, Johannes/TRENCZEK, Thomas (2011): Kinder- und Jugendhilferecht. Eine sozialwissenschaftlich orientierte Darstellung (7. Aufl.) Köln: Luchterhand.

SALGO, Ludwig (2007): § 8a SBG VIII: Anmerkung und Überlegungen zur Vorgeschichte und zu den Konsequenzen der Gesetzesänderung. In: Kindschaftsrecht und Jugendhilfe, Heft 12-2006 und 01-2007.

SCHMID, Heike/MEYSEN, Thomas (2006): Was ist unter Kindeswohlgefährdung zu verstehen?

SCHONE, Reinhold (2008): Die Sicherung des Kindeswohls im Spannungsfeld von Prävention und Schutzauftrag. Neue Herausforderungen für die Kooperation von öffentlichen und freien Trägern der Jugendhilfe. In: Jordan, Erwin (Hrsg.): Kindeswohlgefährdung. Rechtliche Neuregelungen und Konsequenzen für den Schutzauftrag der Kinder- und Jugendhilfe (3. Aufl.). Weinheim und München: Juventa.

SCHONE, Reinhold (o.J.): Expertise: Schutzauftrag unter besonderer Berücksichtigung von Gegenstand und Verfahren zur Risikoeinschätzung. Ausgestaltung und Inhalt der Vereinbarungen mit Trägern der freien Jugendhilfe. Online im Internet: http:// www.kindesschutz.de/bsm/ExpertiseReinholdSchone.pdf [Stand: 04.07.2011]

TRENCZEK, Thomas (o.J.a): Schutzauftrag der Jugendhilfe. Online im Internet: http://www. kindesschutz.de/Expertisen/Expertise %20Thomas%20Trenczek.pdf [Stand: 03.07.2011].

TRENCZEK, Thomas (o.J.b): Inobhutnahme zur Kisenintervention bei Kindern und Jugendlichen. Online im Internet: http://www.sgbvii-i.de/S124.html [Stand: 03.07.2011].

WIESNER, Reinhard (2006a): SGB VIII. Kinder- und Jugendhilfe. Kommentar (3. völl. überarb. Aufl.). München: Beck.

WIENER, Reinhard (2006b): Was sagt die Verfassung zum Kinderschutz? In: Kindler, Heinz/Lillig Susanna u.a. (Hrsg.): Handbuch Kindeswohlgefährdung nach § 1666 BGB und Allgemeiner Sozialer Dienst (ASD). München: DJI.

WIESNER, Reinhard (2008): Die Verbesserung des Schutzes von Kindern und Jugendlichen vor Gefahren für ihr Wohl durch das Kinder- und Jugendhilfeweiterentwicklungsgesetz (KICK). In: Jordan, Erwin (Hrsg.): Kindeswohlgefährdung. Rechtliche Neuregelungen und Konsequenzen für den Schutzauftrag der Kinder- und Jugendhilfe (3. Aufl.). Weinheim und München: Juventa.

www.ingramcontent.com/pod-product-compliance
Lightning Source LLC
Chambersburg PA
CBHW070926180526
45168CB00005B/2171